Ernst Woll

Frauen und Mädchen in Gesellschaft und Familie

Gleichberechtigung?

2016
Herstellung und Verlag: BoD - Books on Demand, Norderstedt, ISBN 9783741238840

Inhalt

Prolog	3
Biologische Unterschiede und Frauenarbeiten	4
Gleichberechtigung in der Kindererziehung?	13
Rolle der Frauen im Nationalsozialismus	19
Hausfrauenarbeit	29
Benimmregeln vor 100 Jahren	38
Frauen nach dem Krieg	42
Mädchen in der FDJ und Schule	47
Gleichberechtigung der Frauen in der DDR	51
Frauenquoten	56
Männer kämpfen um Gleichberechtigung	58
Sind Männer klüger als Frauen?	61
Mütter und Männer	68
Epilog	72

Prolog

Unterschiedlich waren in der Gesellschaft Rang und Rolle der Frauen während der Zeit des Nationalsozialismus, in der SBZ (Sowjetischen Besatzungszone), der DDR, in den alten Bundesländern und ab 1990 im vereinten Deutschland. Das lernte ich in diesen vergangenen 80 Jahren ebenso kennen wie die sich auch damit verändernde Situation der Frauen in den Familien. Das Thema wird kontrovers diskutiert, ich beschreibe es aus der Sicht eines 85jährigen Mannes und stelle dazu Erlebnisse dar.
Zum Verständnis des heutigen Entwicklungsstandes muss die Zeit ab Ende des 19. Jahrhunderts beleuchtet werden, wozu ich u. a. Erzählungen meiner Großeltern, an die ich mich noch erinnern kann, einbeziehe. Ausgewähltes, was Historiker oder andere Autoren zur Emanzipation der Frauen veröffentlichten, wird zitiert und teilweise kommentiert, ohne Anspruch auf wissenschaftliche Bearbeitung des Themas zu erheben.
Trotz aller Emanzipationsbemühungen bestehen Geschlechterunterschiede nicht nur in biologischer Hinsicht sondern auch im Denken und in Verhaltensweisen. Dieses gänzlich beseitigen zu wollen würde nach meiner Meinung vielen Facetten unseres Lebens sehr Interessantes rauben. Über Kritiken, besonders von Frauen, würde ich mich freuen.

Biologische Unterschiede und Frauenarbeiten

Es war vor etwa einem Dreivierteljahrhundert und ich 9 Jahre alt, da fragte ich meine Großmutter: „Was sind Geschlechtsteile und was heißt Kindermachen?" Die Begriffe hatte ich bei einem Ehepaar in der Nachbarschaft, die sich immer sehr heftig und lautstark stritten, gehört. Selbst auf der Straße bekam man ihre Zwistigkeiten mit. Sie hatte zu ihm gesagt: „Ich zertrete dir deine Geschlechtsteile, wenn du mir schon wieder ein Kind machen willst." Sie hatten schon 6 Jungen.

Meine Großmutter, eine erfahrene Frau, sagte nicht wie die anderen Erwachsenen: „Das verstehst du noch nicht, dafür bist du noch zu klein." Ein Ausspruch der mich empörte, denn ich wollte schon mitreden können. So vernahm ich also von ihr, dass dies beim Mann besonders das „Dingel" sei, so sagten wir zum Penis. Aber beim Kindermachen blieb sie ungenau und meinte nur, wenn Mann und Frau sich zu eng berühren können Kinder entstehen, die dann, wie du weißt, der Klapperstorch bringt.

Ich wusste, nachzuhaken hätte wenig Zweck gehabt und tat so als sei ich zufrieden; das war ich aber nicht. Mir war schon einiges mehr bekannt, z. B. hatte ich von älteren Spielkameraden gehört, dass die Kinder im Bauch der Mütter wachsen.

Heimlich stöberte ich deshalb im Kleiderschank der Eltern, fand dort ein so genanntes Doktorbuch und darin mehrere Seiten und auch Abbildungen von männlichen und weiblichen Geschlechtsorganen. Richtig verstand ich die Beschreibungen, die ich nur mühsam lesen konnte und das ganze drum herum noch nicht. Aber zumindest staunte ich über die bunten Bilder, denn ich hatte bisher noch keine Erwachsenen nackt gesehen. Mich interessierte sehr, wie ein Frauen- oder Mädchenkörper aussieht. Die Mädchen unter meinen Spielgefährten und Schulkameraden sahen also bei gewissen Körperteilen und auch im Inneren ganz, ganz, anders aus wie wir Jungen. Vielleicht schämten sie sich deshalb immer so vor uns und versuchten, ihren Körper mit Kleidung zu bedecken. Na ja, im Sommerbad da hatten sie auch getrennte Umkleidekabinen und bei ihren Badeanzügen waren die mittleren Körperteile, die ich so deutlich auf den Abbildungen gesehen hatte, hinter Stoff versteckt.

Dann las ich noch etwas Interessantes, die weibliche Muskulatur sei in der Regel schwächer als die des Mannes. Das machte mich richtig glücklich, ein Mann zu werden. Ich verstand nun ebenfalls, dass viele Kraft verlangende Arbeiten in der Landwirtschaft, ich wuchs in einer Bauernwirtschaft auf, da wusste ich darüber bescheid, nur von Männern ausgeführt werden können. Über all diese Fragen grübelte ich zunächst nach und fand damals etliche

Widersprüche, die mir allerdings als Kind nicht als solche bewusst waren.

Im Grunde imponierte mir die festgelegte Einteilung in Frauen- und Männerarbeiten auch im Haushalt und nicht nur im Stall, Hof und auf dem Feld. Ich bemerkte sehr deutlich, dass das bei etlichen Tätigkeiten gar nichts mit der Schwere der Arbeit zu tun hatte. Es war einfach Tradition und die Männer überließen den Frauen wahrscheinlich auch manche Arbeiten, die sie selbst nicht gern machten.. Wenn ich zu diesem Thema einige Beispiele beschreibe, dann tue ich dies als einer der Zeitzeugen aus der Epoche Mitte des vorigen Jahrhunderts, die natürlicher Weise heute immer weniger werden. Über persönliche Erlebnisse zum damaligen Verhalten und Denken der Menschen zur Gleichberechtigung von Mann und Frau kann dann niemand mehr direkt berichten. Insgesamt kann ich einen krassen Unterschied zu den Neuzeitverhältnissen verdeutlichen, aus dem die junge Generation auch zu erkennen vermag, welche Fortschritte die Emanzipation in den letzten Jahrzehnten machte.

Die einzigen Arbeiten, die ich in meiner Kindheit Männer im Haushalt machen sah, waren:

Mit scharfem Messer Brot abschneiden – Brotschneidemaschinen gab es nur bei reichen Leuten;

in den Öfen das Feuer anzünden – in der Regel hatten da aber die Frauen schon Holz und Kohle eingeschichtet.

Wahrscheinlich taten sie noch einiges mehr aber ich kann mich nicht erinnern.

Dagegen hatten die Frauen alle anderen Tätigkeiten im Haushalt zu bewältigen. Mehrmals hörte ich von meinem Großvater den Spruch: „Der Mann braucht ein stets heiteres Weib und die Frau einen schützenden Mann". Erst im Gymnasium erfuhr ich, dass diese Aussage ein abgewandeltes Zitat von Goethe ist. Tatsächlich mussten meine Oma und Mutter während meiner Kindheit bei jeder Arbeit immer ein fröhliches Gesicht machen, dabei hatten diese Arbeiten es hinsichtlich körperlicher Kraftanstrengungen oft in sich. Ich will nur das Wichtigste nennen – über diese Tätigkeiten wird in den weiteren Geschichten noch Näheres beschrieben, es galt:

Das Essen zu bereiten, zu kochen und zu backen,

stets für Sauberkeit in der gesamten Wohnung zu sorgen. Das Schrubben der Holz- oder Fliesenfußböden war Schwerstarbeit;

die Wäsche unter beschwerlichsten Bedingungen zu waschen, zu bügeln und insgesamt zu pflegen,

die Kleidung in Ordnung zu halten, Zerrissenes wieder zu flicken und vor allem Strümpfe zu stopfen, die Kinder zu versorgen, einschließlich notwendiger Körperpflege,

im Winter für warme Stuben zu sorgen und dafür das Heizmaterial heranschaffen,

das Trink- und Waschwasser herbeizuschaffen und Abwasser zu entsorgen, in nur wenigen Haushalten gab es fließendes Wasser – es musste auf dem Lande oft vom Brunnen geholt werden.

In den bäuerlichen Haushalten mussten dann die Frauen noch zusätzlich Stall- und Feldarbeiten verrichten.

Müßiggang sah man bei diesen Hausfrauen nie und wenn sie schon mal zum Sitzen kamen hielten sie die Hände trotzdem nicht still. Ich sah sie dann u. a. noch Strümpfe oder andere Kleidungsstücke per Hand stricken.

Auch bei der Feld-, Stall- und Hofarbeitarbeit zeigte sich bei einigen Tätigkeiten die Vorrangstellung der Männer, die den Frauen häufig körperlich schwerere Arbeiten zumuteten; dazu einige Beispiele:

Bei der Getreideernte saß der Mann auf der Mähmaschine und kutschierte die Pferde und die Frauen mussten sich abplagen, das Getreide zu raffen und die großen Garben zu binden.

Das Melken der Milchtiere, wofür kräftige Hände gebraucht werden, wurde vorwiegend den Frauen überlassen.

Während bei der Hackfruchtpflege die Männer die Pflegegeräte und das Lenken der Spanntiere besorgten, mussten die Frauen das Hacken, insgesamt die Handpflege, bewältigen.

Nicht selten sah ich bei der Kartoffelernte nur Frauen und Kinder Kartoffeln lesen, Männer be-

dienten aufrecht sitzend Pflug und Kartoffelschleudern und lenkten die Zugtiere.
Beim Tränken der Tiere schleppten Frauen häufig schwere Wassereimer.
Bei landwirtschaftlichen Arbeiten hat also das starke männliche Geschlecht die schwächeren Frauen selten geschont.
Verständlich, dass damals nur junge Mädchen Bäuerinnen werden durften, wenn sie für die umfangreichen teils schweren Abreiten in den Augen der alten Bauersleute geeignet waren. Dafür gab es die Brautprüfung, über die in einem Gedicht berichtet wird.

Als vor vielen, vielen Jahren
Bauern noch richtige Bauern waren
arbeiteten sie nicht wie in der Industrie,
sie ernteten Getreide und betreuten Vieh.
Es gab viel Arbeit aber auch Idylle,
Geschichten, Rituale in Hülle und Fülle.

Werbung heute: „Bauer sucht Frau."
Ich weiß aber von früher noch sehr genau,
da wollten manche attraktive Mägdelein
gern von einem Bauern umworben sein.
Bauerneltern haben aber darauf gesehen:
Die Bräute mussten eine Prüfung bestehen.

Wenn die Auserwählte auch oft dachte,
wenn er sie erstmals mit nach Hause brachte

hätte der Bauernsohn schon fest gewählt
und dass sie nun bald auch zur Familie zählt;
doch das war damals keineswegs wie heute:
Es fehlte noch die Entscheidung der Bauersleute.

Offen oder auch heimlich, unauffällig
war manche Hausarbeit jetzt gerade fällig,
die der zu Besuch gekommenen mal eben
zur schnellen Erledigung wurde übergeben.
Geprüft wurde alles mit kritischen Blicken,
auch ob sie konnte zerrissene Kleidung flicken.

Bei ihrem Kochen, Backen sollte sich offenbaren
ob die Speisen, Brote, Kuchen schmackhaft waren.
Fußboden schrubben musste sie ohne sich zu zieren,
durfte bei keiner Arbeit die Geduld verlieren.
Beim Wäschewaschen musste es ihr gelingen
alles akkurat wieder in den Schrank zu bringen.

Bei allen Arbeiten hatte die Braut sich zu sputen,
man sah es nicht gern, wenn ihre Hände ruhten.
Hatte sie dann alles zur Zufriedenheit bestanden
Eltern und Großeltern nun großzügig befanden:
„Die kannst du heiraten, auch mit geringem Heiratsgut,
ihr Einzug tut bestimmt unserer Wirtschaft gut."

Bei diesem Thema "Biologische Unterschiede von Mann und Frau" und dazu Kindheitserlebnisse, fallen mir noch 2 Geschichten über meine erste Begegnung mit nackten Frauen ein, die ich hier erzählen will. In damaliger Zeit zeigten sich Erwachsene nie entkleidet vor Kindern. Baden und Körperwäsche erledigten meine Eltern und Großeltern auch bei uns zu Hause grundsätzlich getrennt von uns Kindern. Es erfolgte in vielen Familien, die keine Waschküche hatten, in der Wohnküche.

Gesonderte Korridore für einzelne Wohnungen gab es damals auf dem Lande kaum. Durch den Hausflur erreichte man sofort die Zimmertüren. Ich war etwa 10 Jahre alt und sollte bei Bekannten etwas abholen, die Eingangstür zu ihrer Wohnküche befand sich direkt im Treppenflur. Pflichtgemäß klopfte ich an. Die Leute hatten vergessen die Tür abzuschließen und sagten automatisch: „Herein". Ich trat ein und sah das Ehepaar nackt in der Zinkbadewanne stehen. Ich bekam einen sehr großen Schreck und rannte davon.

Noch größer war mein kindliches Erschrecken, als ich im Wald ein nacktes Paar aufspürte. Ich nutzte damals jede Gelegenheit Nachbars Hund Senta – eine französische Dogge - auszuführen. In der Regel hielt ich mich daran, das Tier immer an der Leine zu führen. Warum ich bei einem Spaziergang im Hochsommer Senta frei ließ, weiß ich nicht mehr. Kaum hatte ich den Hund los gemacht, sauste er auch schon davon. Ich hörte Senta ganz aggressiv bellen, ich wusste sofort, sie hatte etwas Feindliches entdeckt und gestellt. Dort angekommen sah ich etwas sehr Schreckliches: Auf einer kleinen Lichtung standen zwei nackte Menschen – Mann und Frau – ängstlich vor dem Hund, der auf dem Sprung war zuzubeißen, wenn sie versuchten sich zu entfernen. Nun standen ein einflussreicher Mann und eine junge Frau aus unserem Ort, die ich kannte, im Adamskostüm vor mir! Der Herr brüllte: „Nimm sofort den Köter an die Leine und verschwinde, wir werden uns noch sprechen, warum du in meinem Wald herumstreichst und das Wild aufscheuchst!" Um seinen Befehl auszuführen musste ich zunächst näher heran und konnte dabei aber die Augen nicht verschließen, weil ich sonst am Halsband die Öse nicht gefunden hätte. Ich sah erstmals ganz deutlich in natura den Unterschied zwischen Mann und Frau. In meiner Naivität verstand ich nicht, warum sich die beiden gänzlich ausgezogen im Wald versteckt hatten. Er behauptete nämlich, sie hätten sich am nahen Fischteich zufällig getroffen, um dort zu baden, sie wollten sich nun etwas ausruhen und die Abendsonne noch nutzen. Er drohte mir die härtesten Strafen an, wenn ich von dieser Begegnung jemanden etwas erzählen würde.

Gleichberechtigung in der Kindererziehung?

Eltern lassen bei der Kindererziehung häufig Erfahrungen aus ihrer Kinder- und Jugendzeit einfließen. Die Rolle der Männer, der Väter zeigt sich dabei in sehr unterschiedlicher Weise, einbezogen ihr Verhalten gegenüber den Müttern ihrer Kinder. Durch die Erzählungen meiner Großeltern erfuhr ich hierzu einiges auch von früheren Zeiten, womit ich meine eigenen Erlebnisse ergänze.
Meine Eltern führten mit den Eltern meiner Mutter einen gemeinsamen Haushalt. Das Zusammenleben funktionierte nach meinem Empfinden sehr gut; ich spürte keine Generationsprobleme, weil sich vielleicht auch fast alles nach den Willen der „Alten" richtete. Respekt vor dem Alter wurde von uns Kindern bedingungslos verlangt. In der Arbeitsteilung war es damals meine Großmutter, die mich in der Hauptsache beaufsichtigte und erzog. Großvater und Vater mussten als „Erziehungsvorbilder" herhalten, obwohl mir selbst als Kind auffiel, dass Mutter und Großmutter manchmal Mühe hatten, deren Verhalten und Manieren immer als untadelig auszuweisen. Wenn z. B. mein Großvater in unserem Bauernhof in schmutzigen Stiefeln in die Küche kam, in der sogar der Fußboden gerade frisch gewischt war, oder sich in seiner Arbeitskleidung an den Esstisch setzte, höre ich noch sagen: „Erwachsene Männer dürfen das, aber Kinder nicht."

Ich merkte aber, dass so manches was sich das „starke Geschlecht" herausnahm, auch die Frauen im Hause störte.

Mein Großvater beteiligte sich nicht an Spaziergängen und lehnte diese besonders mit dem Kinderwagen ab. Ausnahmsweise gestattete er, dass die „Kinderkutsche" zum Feld oder zur Wiese mitgenommen werden durfte, weil die Kleinen darin liegend bei der Arbeit nicht störten.

Wenn damals aber ein Ehemann einen Kinderwagen geschoben hätte, wäre er in den Augen der Männer und der Frauen ein „Weichei" gewesen.

Insgesamt hörte ich von meinem Großvater oft die damals weit verbreitete Meinung: „Die Kinder zu erziehen, das ist Aufgabe der Frauen, nur wenn sie nicht mehr Herr werden, dann muss der Mann einschreiten." Das war damals die Regel. Außerdem war der Begriff „Alleinerziehender Vater" unbekannt. Allein die Tatsache, dass das Babyjahr vom Ehemann in Anspruch genommen werden kann, hätte Empörung hervorgerufen.

In jener Zeit kannte ich z. B. einige Familien, in denen die Kinder den Vater mit „Sie" anreden mussten. So war es u. a. beim Apotheker unserer Kleinstadt. Sein Kind hätte ich nicht sein wollen, denn seine Art lernte ich kennen als ich einmal in der Apotheke Arzneien abholen musste. Es wurde erzählt, so würde er auch seine Kinder behandeln.

Im Besucherraum der Apotheke standen zwar Stühle, aber ich hatte gehört, man dürfe sich dort nicht setzen, obwohl es immer sehr lange dauerte bis der Mann erschien. Ich besaß keine Uhr aber mir kam die Wartezeit unheimlich lang vor, mindestens eine Viertelstunde. Ich setzte mich deshalb, trotz bekannter Warnung, auf einen Stuhl. Als der Apotheker erschien, sprang ich sofort auf, aber er hatte mein unerlaubtes Tun bemerkt. Er fuhr mich an, ob ich zu faul und zuchtlos wäre, um nicht anständig stehend auf sein Kommen warten zu können! Ich wurde ohne die Medizin fortgeschickt, sollte aber meinen Eltern berichten, dass er nur an gut erzogene Kinder Arzneien ausliefere. Außerdem forderte er mich auf ihnen zu sagen, sie mögen mich entsprechend bestrafen. Meine Eltern, besonders aber meine fortschrittliche Großmutter, waren empört über das Verhalten dieses Mannes, das ließen sie mir jedoch nicht deutlich spüren. Damals verlangte man von uns Kindern gegenüber Erwachsenen uneingeschränkten Respekt.
In vielen Familien waren aber die Väter richtige Tyrannen gegenüber den Kindern und auch den Ehefrauen.
Warum lehnten sich damals Frauen nicht oder ganz selten gegenüber ihrem Mann auf? Heute weiß ich warum, sie waren abhängig, hatten in den meisten Fällen keinen Beruf und wären bei einer Scheidung in ein wirtschaftliches Loch gefallen. Unterhalts-

pflichten waren eher zu Gunsten der Männer geregelt.

In unserer Nachbarschaft beobachtete ich in den 1930/40er in einigen Familien wie grausam Männer gegenüber Frau und Kindern sein können. In einem Falle war er Steinbrucharbeiter, verdiente wenig Geld und davon gab er auch noch viel für seinen Alkoholkonsum aus. Manchen Freitag, wenn der Wochenlohn ausgezahlt wurde, hatte ich beobachtet, dass die Frau ihren Mann von der Arbeit abholte, damit er nicht Zwischenstation in der Kneipe machte. Sie schien ihn aber nicht zuhause festhalten zu können, kurze Zeit danach machte er sich auf und ging ins Wirtshaus. Bis heute blieb mir in Erinnerung, dass ich dann gegen 20,00 Uhr oder etwas später aus den ersten Schlaf aufgeschreckt wurde, weil der Mann vor der Haustür so laut randalierte, dass es die gesamte Nachbarschaft mitbekam. Vorsichtshalber hatte die Frau die Tür zugeschlossen, weil sie jedes Mal ahnte was kam. Er trommelte aber so heftig daran, dass sie schließlich doch öffnete. Was nun geschah erlauschte ich von Erzählungen der Erwachsenen. Er holte die ältesten Kinder, etwa 12-13 Jahre alt, aus dem Bett, insgesamt hatten sie vier, und verprügelte die grundlos mit seinem Ledergürtel. Scheinbar wollte er Frust ablassen, denn in der Kneipe war er häufig Spötteleien ausgesetzt, wenn er betrunken war; hier hatte er nun Wehrlose vor sich. Die Frau stellte sich

meistens schützend vor die Kinder und wurde dann ebenso heftig geschlagen. Meiner Großmutter hatte sie mal die Striemen auf ihrem Rücken gezeigt; ich hatte die Frauen dabei in unserer Wohnküche durchs Schlüsselloch guckend beobachtet. Trotzdem blieb auch diese Frau bei ihrem Mann, der dann damals der SA beitrat und wahrscheinlich hier für seine Brutalität irgendwie Anerkennung fand oder sich vielleicht auch abreagieren konnte.
Er avancierte während des Krieges sogar zum NS - Blockwart und alle wunderten sich, dass er nicht als Soldat eingezogen wurde, vermutlich konnte er sich irgendwie drücken. Als kleine Amtsperson unterließ er dann weitgehend die Sauferei und auch die extreme Rohheit in der Familie. Aber die Frau stand weiterhin unter seiner Fuchtel und wurde wahrscheinlich auch weiter misshandelt, was sie nach außen nicht mehr zeigte. Sie musste in der NS - Frauenschaft mitwirken, dass sie das nur auf Druck ihres Mannes tat, beichtete sie meiner Großmutter, die, das wird mir retrospektiv bewusst, für viele in der Nachbarschaft eine Vertrauensperson war. Vielleicht, weil sie immer offen ihre Meinung sagte und sich manchmal selbst mit Kritik am Hitler - Regime nicht zurück hielt, was oft sehr gefährlich war.
In jener Zeit erzählte mir meine Großmutter eine Geschichte, die ich bis heute nicht vergessen habe und die die Probleme der Gleichberechtigung der

Frauen Ende des vorvorigen Jahrhunderts charakterisierte, als sie selbst Kind war. Sie erzählte:
"In einer Familie mit mehreren Kindern beschwerte sich der Mann darüber, dass er immer zur Arbeit gehen und schwer schaffen muss. Die Frau dagegen hätte zu Haus ein leichtes Leben. Sie war deshalb mit einem Tausch einverstanden. Als sie Abends nach ihrer Fabrikarbeit nach Hause kam war sie aber stark bestürzt: Die kleinen Kinder schrien, weil sie nicht trockengelegt und hungrig waren; die Kuh gab schmerzende Laute von sich, weil sie nicht gemolken und gefüttert worden war; im Garten war kein Unkraut gejätet; das Essen kochte noch nicht, der Fußboden in der Wohnung war nicht gesäubert usw. usf.. Schon am übernächsten Tag war der Mann mit einem Rücktausch einverstanden."
Interessant ist im Übrigen: Während meiner Volksschulzeit in der Nazizeit sammelte der Lehrer am ersten Tag jedes neuen Schuljahres die Zeugnishefte ein, er kontrollierte, ob sie unterschrieben waren. Als Fußnote war vermerkt: „Das Zeugnisheft ist vom Vater oder dessen Stellvertreter zu unterschreiben"; damit war die Mutter amtlich Stellvertreter des Vaters – später wurde der Begriff „Erziehungsberechtigter" eingeführt. Trotzdem blieb die Frau in der Familie damals in der 2. Reihe obwohl sie meistens die gesamte Verantwortung für die Kindererziehung trug.

Rolle der Frauen im Nationalsozialismus

Damals erkannte ich als Kind noch nicht, dass nach der nationalsozialistischen Ideologie eine Vorherrschaft der Männer bestand und den Frauen, vor allem die Rolle der Mutter, die viele gesunde Kinder, vorrangig Jungen, zur Welt zu bringen hatte, zugedacht war. Mit Orden und Ehrennadeln versuchte man in dieser Zeit Begeisterung zu wecken und viele für eine Mitarbeit zu gewinnen. In diesem Sinne wurde auch 1938 das „Deutsche Mutterkreuz" als Ehrenzeichen eingeführt und in 3 Stufen verliehen: Gold für 8 und mehr, Silber für 6 und 7, Bronze für 4 und 5 gesund geborene Kinder.
Meine Großmutter mütterlicherseits erhielt das Mutterkreuz in Silber und sagte immer wieder, dass sie gar nicht Stolz auf diese Auszeichnung sei. Das wollte ich nicht begreifen, ich war begeisterter Pimpf im Deutschen Jungvolk und alle Ehrenzeichen waren für mich etwas Würdevolles. Außerdem gefiel mir das Meiste, was in diesem Staat geschah und unser Lehrer verstand es, uns in diesem Sinne zu erziehen. Obwohl, das weiß ich heute, meine Eltern keine Freunde des Naziregimes waren, brachten sie mich nicht in Konflikte gegenüber der schulischen Erziehung. Selbst die Begründung meiner Großmutter verstand ich damals nicht, wenn sie sagte, ich habe dies nur noch sinngemäß im Gedächtnis: „Ich allein habe meine 6 Kinder zu an-

ständigen Menschen erzogen. Der Staat hat mir dabei nicht geholfen, der braucht viele Kinder, vor allem Männer, nur für den Krieg zum Totschießen." Schon als Kind verstand ich zu schauspielern; wenn sich meine Großmutter mit anderen Leuten unterhielt und ich in der Nähe spielte tat ich überzeugend so, als ob ich gar nicht zuhörte, spitzte aber die Ohren. Bei einem Gespräch meiner Großmutter mit einem Nachbarn, er war früher Kommunist und nun NSDAP – Anhänger, bekam ich, es war Mitte des Krieges – ich 12 Jahre alt -, in dieser Weise ungefähr diesen Dialog mit: Großmutter: „Na Karl, bei euch ist wieder etwas Kleines unterwegs, ist es nicht Zeit zum Aufhören, es ist doch euer 10. Kind?" Karl: "Ja, hoffentlich wird es der 7. Junge, man muss doch dem Vaterland gegenüber seine Pflicht erfüllen". Großmutter: „Aber damit setzt ihr doch nur Jungen in die Welt, damit sie dann für Führer Volk und Vaterland fallen können." Karl: "Du bist eben keine Patriotin und scheinst auch unseren Führer nicht zu verstehen, der will dass unsere Frauen mit Freude Mütter werden und viele arische Kinder gebären".

Mit diesen Begriffen wurde mir Kind das Ganze zu hochtrabend, ich verlor das Interesse am Gespräch, dessen inhaltliche Bedeutung ich erst später als Erwachsener begriff. Ich meine sogar, damals auch noch das Wort "Lebensborn" gehört zu haben, wonach ich dann meine Großmutter fragte. Ich will

hier darstellen, was sie mir wahrscheinlich dazu erklärte, weil heute viele nicht mehr wissen, welchen Sinn und Zweck diese Einrichtungen hatten. Meine Großmutter deutet mit ihren einfachen Worten Lebensborn als eine Stätte, wo Kinder geboren werden, die dem Idealbild der deutschen, einer arischen Rasse, entsprechen. Darüber hatte ich schon in den Heimabenden des Jungvolkes und in der Schule gehört. Und ich verstand, dass dort nur Kinder von ausgewählten Vätern und Müttern zur Welt kommen, die später einmal die Führer in unserem Staat werden. Allerdings ihre Bemerkungen, dass dies fast einem Verbrechen gleich käme und abzulehnen wäre, wenn man Menschen in diesen Häusern nach Rassengesetzen behandeln würde, hatte ich noch nicht verstanden. Wer Genaues über Lebensborn erfahren will, kann im Internet nachsehen.
Manchen weiteren Meinungen meiner Großmutter, die teilweise sogar eine gewisse oppositionelle Haltung gegenüber dem Hitlerregime zeigten, widersprach ich meist nur zaghaft oder nicht. So äußerte sie gar manches, was ich in der Schule anders gehört hatte und auch deshalb nicht akzeptieren wollte. Wahrscheinlich war es ihre Persönlichkeit, die auch mir bei all ihrem Auftreten Respekt abverlangte.
Sinngemäß vernahm ich von ihr: „Ich kann gar nicht verstehen, dass so viele Frauen diesen Hitler

verehren, der von ihnen doch nur fordert, viele Kinder zu gebären und daneben vielfach in untergeordneten Berufen zu arbeiten. Ansonst haben Frauen im Staat nicht viel zu sagen. Im Arbeitsdienst als Arbeitsmaiden handeln und leben sie teilweise wie Soldaten. Die ganzen Dienstvorschriften im BDM (Bund deutscher Mädel), der Mädchenorganisation der Hitlerjugend, widersprechen doch dem wirklichen Wesen der Frauen."
Von wie viel Frauen und Menschen diese Auffassungen meiner Großmutter geteilt wurden vermag ich nicht zu sagen; ich lernte aber auch Gegenteiliges kennen. Deshalb blieb mir eine Unterhaltung in Erinnerung, die ich als 11jähriger bei einer Bekannten meiner Großmutter mithörte.
Die Frau erzählte, dass sie bei einem Berlinbesuch das Glück hatte, den Jackenärmel Hitlers zu berühren. Bei seiner langsamen Fahrt durch die Menschenmenge gelang es ihr, ganz nahe an diesen hochverehrten Mann heran zu kommen. Ich kann das Gespräch nicht mehr wörtlich wiedergeben, aber sie sagte ungefähr folgendes: „Von unserem Führer geht eine himmlische Kraft aus". Meine Großmutter, die eine fromme Frau war, erwiderte: „Er ist aber doch bestimmt nicht der liebe Gott." Diese Bemerkung führte zu Konflikten und das freundschaftliche Verhältnis der beiden Frauen wurde künftig kühler, die Bekannte war Leiterin der NS - Frauenschaft unseres Ortes.

Welche Demütigungen Frauen im Nationalsozialismus erfuhren, wenn sie sich im Sinne der Nürnberger Rassengesetze strafbar machten, erlebte ich 1941 in meinem Heimatort. Den Fakt schildert der Ortsgruppenführer der NSDAP und Bürgermeister unserer Kleinstadt in einem Brief (liegt mir im Originaltext vor) den Soldaten an der Front:
„Leider müssen wir euch auch über eine weniger erfreuliche Tatsache berichten. Euere Angehörigen werden Euch hierüber schon geschrieben haben. Die Angelegenheit wird aber meist nicht richtig geschildert, so daß sehr geteilte Meinungen entstehen. Nachdem 34000 deutsche Volksgenossen vor kaum 2 Jahren in viehischer Weise von Polen hingeschlachtet wurden und während jetzt deutsche Soldaten wieder gegen die gleiche Rasse und Untermenschentum kämpfen und mancher Kamerad durch die erbärmlichsten Gegner, die Heckenschützen, den Tod findet? haben sich deutsche Frauen mit Kriegsgefangenen Polen eingelassen und intime Beziehungen unterhalten.
Es handelt sich um eine Einheimische und vier zugezogene; Weiber, davon war eine verheiratet. Es war immer und immer wieder betont worden, daß jeder Verkehr mit diesen Kriegsgefangenen, die letzthin freigelassen und arbeitsverpflichtet waren, verboten ist, weil es der deutschen Ehre widerspricht, diesem Gesindel nur die Hand zu reichen und vor allen Dingen, weil eine Blutsvermischung

mit diesen Horten gegen alle Rassengesetze verstößt. Alle Aufklärungsarbeit war umsonst. Diese Weiber verletzten die deutsche Frauenehre
und mussten dafür auch büßen. Als Polenliebchen sollen sie ihren Willen haben, aber mit einer deutschen Frau haben sie nichts mehr gemein. Daher wurde ihnen auch der Stolz der deutschen Frau, ihre Haare, genommen. Einer Bestrafung sehen die trotzdem noch entgegen."
Dies war die Meinung eines fanatischen Nazis, der ich mein damaliges Erleben nun aktuelle Erkenntnisse gegenüberstellen will.
Recht hatte der Bürgermeister nur darin, dass durch das Ereignis geteilte Meinungen entstanden aber dabei leider diejenigen, die das Ganze als ungerecht empfanden, damals in der Minderheit waren. Mit einem Mistwagen fuhr man die Frauen zum Marktplatz, wo sie auf einem Podest sitzen mussten und ihnen die Haare abgeschnitten wurden. Hunderte Menschen, auch von außerhalb Angereiste, versammelten sich dort um sich diese Demütigung anzuschauen. An das Schreien und jubelnde Getöse der Menschen auf dem Marktplatz kann ich mich noch heute erinnern. Es war alles sehr deutlich auf unserem Hof, in einer Entfernung von ungefähr einem halben km, zu hören. Meine Großmutter sagte, dass ist ja wie im Mittelalter bei öffentlichen Hinrichtungen, die Menschheit ist verroht und politisch verführt. Ich durfte nicht dorthin, aber einige

meiner Schulkameraden, die dort waren, schilderten das Ganze begeistert; wahrscheinlich waren sie von der Massenhysterie angestachelt. Mich berührte aber diese Demütigung sehr, denn ich kannte die vom Bürgermeister als Einheimische bezeichnete Frau, als sehr vornehm und anständig. Nach dem „Haare- abschneiden" wurden die Fünf wiederum auf einem Mistwagen durch die Stadt gefahren. Als der Wagen an unserem Haus vorbeifuhr, habe ich doch heimlich durch den Vorhang geschaut. Das Bild, vor allem den gequälten Gesichtsausdruck dieser Frauen, kann ich mein Leben lang nicht vergessen.

Es hieß damals, die polnischen Männer seien weggebracht und erschossen worden. Jetzt im Jahre 2014 stellte sich heraus, dass sie ins Konzentrationslager Buchenwald und 2 von ihnen auf absonderliche Weise ums Leben kamen. Bei Hildburghausen war 1942 ein hoher SS-Offizier von Unbekannten erschossen worden. Als Vergeltung wurden willkürlich in Buchenwald 8 Häftlinge, darunter die 2 Polen, ausgewählt und an Ort und Stelle erhängt. Die anderen 3 starben an den Quälereien im Lager.

Zu diesem Ereignis in meinem Heimatort habe ich Materialen aufgearbeitet und sie für eine neue Ausstellung in Buchenwald, die am17. 04. 2016 eröffnet wurde, zur Verfügung gestellt.

Mit Beginn des Krieges oder schon kurz vorher im Jahre 1938 änderte sich die Rolle der Frauen in Hitlerdeutschland. Sie wurden als Arbeitskräfte in der Rüstung gebraucht und sogar auf Funktionen wie Flakhelferinnen, Funkerinnen, Krankenschwestern zur Verwundetenversorgung und ähnliches vorbereitet und eingesetzt. Bald begannen Kriegsverpflichtungen, bisherige Hausfrauen mussten in Rüstungsbetrieben arbeiten. Im fortschreitenden Krieg waren die Frauen wichtige Stütze der so genannten Heimatfront. Ohne sie wäre die gesamte Infrastruktur zusammengebrochen, denn alle kriegstauglichen Männer mussten Soldat werden. Während der Bombardierungen auch vieler ziviler Ziele kamen viele Kinder und Frauen ums Leben. Frauen und Mädchen leisteten oft im Luftschutz auch physisch Schweres, was man eigentlich nur Männern zumuten konnte. Die jungen Frauen waren aber darauf schon im BDM vorbereitet worden, nur begriffen sie das in den Vorkriegsjahren noch nicht. Sie wurden genau wie die Jungen in der Hitlerjugend auf das Soldatentum, als Mädchen auch auf für Kriegseinsätze geschult.

Ich erinnere mich, dass dann im Krieg viele Zwangsarbeiterinnen aus den von Deutschland besetzten Gebieten auch in der Landwirtschaft zum Einsatz kamen. Sie hatten das bessere Los gezogen als die, die in der Rüstungsindustrie Schwerstarbeit leisten mussten. Ich lernte einige dieser jungen

Frauen kennen, die in den meisten Fällen bei den Bauern gut aufgenommen wurden und häufig Familienanschluss hatten.

Im Weiteren war 1938 das so genannte Pflichtjahr für alle Frauen unter 25 Jahren eingeführt worden. Sie waren zu einem Jahr Arbeit in der Land- und Hauswirtschaft verpflichtet. Diese „Pflichtjahrmädchen" wurden vor allem in kinderreichen Haushalten und dort, wo in Landwirtschaftsbetrieben die Männer Soldaten geworden waren, eingesetzt. Ich erlebte in unserer Kleinstadt, dass auch die Parteibonzen solche günstigen Haushaltshilfen bekamen, ohne dass eine Bedürftigkeit vorlag.

Für Jungen und Mädchen ab 10. bis 14. Lebensjahr galt eine Zwangsmitgliedschaft im Deutschen Jungvolk (DJ) und bei dem Jungmädelbund (JM), den Kinderorganisationen der Hitlerjugend (HJ) und des Bund Deutscher Mädel (BDM). Ich war Pimpf im DJ und avancierte dort auch zu einem Jungvolkführer. Schon hier wurde durch die NS-Ideologie eine gewisse männliche Vorherrscht gestärkt. Ich erinnere mich, dass außer beim Sport geschlechtergetrennter Dienst schon in diesen Kinderorganisationen, fortgesetzt in HJ und BDM, üblich war.

Wir Jungen wurden mit so genannten Geländespielen auf das Soldatentum auf den Krieg vorbereitet. Mädchen durften da nicht mitmachen, allenfalls zuschauen. Ich weiß, dass wir sogar körperliche

Leistungen der Mädchen gering schätzten und teilweise auf das weibliche Geschlecht herabschauten.
Bei Zeltlagern des DJ und JM, die bei uns Kindern sehr beliebt waren, gab es eine strikte Trennung, auch räumlich, zwischen den Jungen und Mädchenlagern. Das setzte sich auch bei HJ und BDM fort wobei dann doch – aber verbotener Weise – Treffen zwischen Jungen und Mädchen statt fanden. Befehle konnten Liebestreffen nicht verhindern.
Im 3. Reich wurde gesetzlich bestimmt und streng darüber gewacht, dass es in Jugendherbergen und allen Heimen für Jungen und Mädchen getrennte Schlafsäle gab; in Hotels erhielten nur verheiratete Paare Doppelzimmer und ähnliches.
Homosexualität stand unter sehr hoher Strafe.

Hausfrauenarbeit

Die Tätigkeit der Hausfrauen war früher Schwerstarbeit. Sie wurde bis heute teilweise weniger anstrengend, weil es jetzt viele moderne die Arbeit erleichternder Geräte gibt. Trotzdem heißt es: Sie ist ja <u>nur</u> Hausfrau oder Haushaltshilfe, ein von der Allgemeinheit meist nur ungenügend geschätzter Beruf oder gar nicht als Beruf anerkannt. Während meiner Kindheit erlebte ich einen Hausfrauenalltag gepaart mit einer Unterordnung gegenüber Männern. Von meiner Großmutter hörte ich ferner, dass dies während ihrer Kindheit und Jugend, also vor über 150 Jahren, noch ausgeprägter gewesen sei.
Schildern will ich einige Beispiele des damaligen Hausfrauenlebens, weil in absehbarer Zeit keine Zeitzeugen mehr darüber berichten können.

Alte Waschfrau, heute Wäscherin
In der aktuellen Berufsliste für Deutschland sind für „Waschfrau und Plätterin" die Berufsbezeichnungen Wäscherin und Wäschebüglerin zu finden. Schon als Schulkind in den 1930/40er Jahren war ich vom Gedicht „Die alte Waschfrau" von Adelbert von Chamisso stark beeindruckt. Waschfrau war für uns damals eine gängige Berufsbezeichnung. Freilich, die vom Dichter beschriebenen Verhältnisse im 19. Jahrhundert gab es Mitte des 20. Jahrhunderts nicht mehr. Ich hörte aber in jener Zeit

von den Hausfrauen der Familien, die sich keine Dienstboten leisten konnten und auch oft mehrere Kinder hatten, die Bemerkung: „Ich bin für unsere große Familie ja nur die Waschfrau." Begüterte Familien leisteten sich Waschfrauen, die in den jeweiligen Haushalten für einen geringen Lohn wuschen und bügelten oder die Wäsche abholten, in ihren eigenen Waschküchen säuberten und bügelfertig wieder ablieferten.

Diese Frauen und die Hausfrauen in den Familien leisteten beim Wäschewaschen oft Schwerstarbeit. Hilfe durch die Ehemänner gab es nicht, allenfalls mussten die Kinder mithelfen.

Anstelle der heute bekannten Wannen aus Plaste oder der damals aufkommenden etwas leichteren Zinkwannen gab es zu jener Zeit noch große schwere Wannen aus Holz. Fließendes Wasser war in ländlichen Haushalten selten und auch wir holten bis Ende der 1930er Jahre das Wasser aus einem Brunnen. Ein Rumpelbrett, auch Waschbrett genannt, war sehr wichtig, um alle Schmutzstellen aus der Wäsche zu rumpeln. Die Frauen haben sich dabei manche Finger wund gerieben. Bei „Wikepedia" wird das Waschbrett, das heute nur noch wenige kennen, wie folgt treffend beschrieben: „Es ist normalerweise etwa 30 bis 40 Zentimeter groß. Die Oberfläche ist so gestaltet, dass sich ein regelmäßiges Muster von Erhebungen und Vertiefungen bildet, auf denen das feuchte, zu waschende Kleidungsstück gerieben wird, um die Verschmutzungen zu lösen."

Eine Wringmaschine, die am Wannenrand festgemacht wurde und zumindest das schwere Auswringen per Hand erleichterte, lernte ich erst in den vierziger Jahren kennen. Beim Heben der Wäsche aus dem Kessel und den Wannen sowie beim Transport der schweren Behältnisse haben sich manche Frauen, so hörte ich schon als Kind, gesundheitliche Schäden zugezogen.

Zum Trocknen der Wäsche wurden im Sommer im Garten oder Hof Leinen gespannt. Die Leinen wurden sehr hoch angebracht, damit beim Durchhängen die großen Wäschestücke nicht auf den Boden schleiften. Meine Oma war nur etwa 1,60 m groß und brauchte deshalb zum Wäscheaufhängen die Fußbank. Der Transport der Wäsche erfolgte in Körben aus Weidengeflecht. Meine Oma und Mutter legten das „Bettzeug" im Sommer im Garten auf den Rasen zum Bleichen aus. Nach dem Trocknen aller Wäsche musste diese gelegt und gebügelt werden. Beim Zusammenlegen der Bettbezüge und Laken musste ich als etwa Zehnjähriger beim „Rippeln", wie wir es nannten, helfen. An den Ecken angefasst wurden die Stücke vor dem Zusammenlegen quer und diagonal straff gezogen. Früher wurden die Bügeleisen in der Ofenröhre oder auf der Ofenplatte erhitzt und waren meistens sehr schwer. Nicht vergleichbar mit den heutigen Elektrobügeleisen, die mit vielen Raffinessen ausgestattet sind. Eine Arbeitserleichterung brachten in den 1930er Jahren die selbst in kleineren Städten eingerichteten „Wäschemangeln". Die Hausfrauen legten Wäschestücke akkurat gefaltet auf ein Tuch aus festem Drillichstoff, das auf eine Holzrolle gewickelt wurde. Eingelegt in die Maschine rollten sich unter den schweren Walzen die Tücher auf und zu. Der Ablauf geschah hinter einem Gitter, das sich beim Einschalten automatisch schloss. Die gemangelte Wäsche wurde sorgfältig zusammengelegt.

Durch die zahlreichen Arbeitsgänge dauerte die „große Wäsche" bei uns meistens mehr als 3 Tage, bis alles wieder im Schrank verstaut war.

Nach dem Krieg traten Haushaltswaschmaschinen den Siegeszug an. Die Werbung überschlug sich ab der 1960er Jahre außerdem in der Empfehlung von wirksameren Waschmitteln. Allen bekannt ist bestimmt die „Werbefrau Clementine", die täglich über das Fernsehen in die Wohnungen schaute.

In diesem Zusammenhang kann man behaupten, dass die für die Hausfrauen gewonnenen Erleichterungen beim „Wäschewaschen" deren mögliche Aufnahme von Berufstätigkeit gefördert wurde. Gleichermaßen fand die Gleichberechtigung der Frauen durch diese Arbeitserleichterungen Unterstützung.

Der gesamte Vorgang vom Waschen der schmutzigen Wäsche bis zur getrockneten und gebügelten,

schrankfertigen Wäsche ist heute durchgehend mit ausgeklügelten Maschinen durchführbar. Deshalb wechseln auch Kind, Frau und Mann wesentlich öfter die Wäsche als früher; wobei ich mich erinnere, dass über Familien gesprochen wurde deren Mitglieder nur einmal im Monat die Wäsche gewechselt haben sollen. Bei manchen Schulkameraden hat man das auch gerochen und ich kann heute die Lehrer verstehen, die bei diesen Kindern mit Strenge mehr Sauberkeit anmahnten.
Im Übrigen wurden früher kaputte Wäscheteile vielfach per Hand repariert, während heute diese Wäschestücke entsorgt werden, weil die Neuanschaffung auch oft sehr billig ist.

Haus und Wohnung sauber halten
Schrubber mit Stiel, um im Stehen den Fußboden zu säubern sah ich während meiner Kindheit nicht. Die Frauen knieten mit Wischlappen oder Bürste in der Hand auf dem Boden, den sie durch intensives schrubben mit scharfem Seifenwasser säuberten. Gummihandschuhe kannte man nicht und man erkannte die fleißigen Hausfrauen auch an ihren Händen, die waren meist rot, rissig und hart, denn sie konnten sich außerdem in den seltensten Fällen Handcremes leisten. Raue unebene Fußböden, besonders in Korridoren und Hauseingängen, forderten große Anstrengungen. Hinzukam, dass Hofflächen und Gehwege in der Regel nicht befestigt wa-

ren, der Schmutz blieb an den Schuhsohlen haften und wurde in die Flure und Stuben getragen. Für Gäste wäre es beleidigend gewesen, wenn man sie aufgefordert hätte die Straßenschuhe vor der Haustür auszuziehen. In unserem Gehöft war die Hoffläche bis in die 1950er Jahre auch ohne festen Belag aber es standen vor der Haustür Holzpantoffel, in die man zum Gang in Scheune und Stall und insbesondere zum Plumpsklo über den Hof schlüpfen konnte. Aber den Männern war selbst diese kleine Mühe manchmal zu viel und sie gingen grundsätzlich mit schmutzigem Schuhwerk bis in die Stube – sie meinten, die Frauen können doch wieder wischen, sie selbst nahmen aber nie einen Wischlappen in die Hand! All das beobachtete ich in fast allen Bauernhäusern und ich glaube, wenn da Männer anders gewesen wären, hätte man gesagt: „Die stehen unter dem Pantoffel ihrer Frau."

Ich erinnere mich noch wie mühevoll für die Frauen es war, mit damaligen Mitteln die Fenster zu putzen. Schmutzige Fenster sah man ja von außen und keine Hausfrau wollte sich nachsagen lassen unordentlich zu sein – sie wurden deshalb sehr häufig geputzt und trotz ins Putzwasser gegebenen Spiritus mussten die Scheiben zum Schluss mit Zeitungspapier mühevoll blank gerieben werden.

Samstags die Straße vorm Haus und den Hof zu fegen gehörte ebenfalls zu den Hausfrauenpflichten. Hier wurden wir Kinder, wenn wir dann zur Schule gingen, mit einbezogen.

Kochen und backen
Ich erinnere mich noch, dass meine Großmutter sagte: „Kochen und backen sind Tätigkeiten zum Ausruhen." Dabei war das Kartoffelschälen, Gemüseputzen oder ähnliches keinesfalls leicht, denn sich dabei vielleicht hinzusetzen, wäre faulenzen gewesen! Außerdem waren in den Bauernhöfen meistens das gesamte Gesinde, also viele Personen mit zu beköstigen und die schweren eisernen Töpfe in den Etagenöfen zu platzieren oder die großen runden Blechkuchen zum Bäcker zu bringen und abzuholen, all das waren keine leichten Arbeiten. Es war selbstverständlich, dass jedes Wochenende mehrere große Kuchen gebacken wurden. Auch ein großer Abwasch war täglich zu bewältigen, wenngleich bei dem Tisch decken nur das notwendigste Geschirr und Esswerkzeug Benutzung fand.
Nicht nur mittags sondern auch zum Abendbrot gab es häufig noch warmes Essen, weil Kartoffeln billiger als Brot waren. In diesem Zusammenhang fällt mir eine wahre Geschichte meiner Großmutter ein, die von der Zeit Ende des vorvorigen Jahrhunderts handelt. Das Gesinde bei den Bauern musste immer sehr hart arbeiten und saß erst spät abends am Abendbrottisch, auf dem meistens Pellkartoffeln zum Sattessen standen. Die Zutaten Quark, Hering oder

ähnliches waren sehr spärlich. Die Frauen schälten meistens die Kartoffeln, weil sich die Knechte gern bedienen ließen. Die Schalen lagen vor ihnen auf dem Tisch. Da sie von der schweren Arbeit sehr müde waren, schliefen sie manchmal schon während des Essens ein. Ihr Kopf fiel nach vorn in die Kartoffelschalen. Nach Mitternacht wachten sie auf, hatten keine Lust mehr zum waschen und wischten sich nur grob das Gesicht ab. Am nächsten Morgen, wenn sie die Arbeit wieder aufnahmen, sah man noch die Abdrücke von den Schalen auf der Stirn.

Frauen mussten für ordentliche Kleidung sorgen
Während meiner Kindheit verließen sich die Männer voll darauf: Die Hausfrauen mussten dafür sorgen, dass Mann und Kinder immer ordentlich und sauber gekleidet waren. In diesem Zusammenhang fällt mir ein Erlebnis ein an das ich bis heute denken muss, bei dem mir damals aber die Anmaßung vieler Männer verbunden mit teilweiser Missachtung der Frauenarbeit nicht bewusst wurde. Ich sah einen reichen Bauern aus unserer Nachbarschaft einige Male mit zerrissenen Hosen auf der Straße und Vorbeigehenden sagte er, ob sie es hören wollten oder nicht: „An meinen zerrissenen Hosen ist meine Frau schuld – sie hat mir diese hingelegt, weil sie vorher vergessen hatte sie auszubessern oder neue zu besorgen." Viele, darunter auch Frau-

en, meinten nach dem Geist der Zeit dazu: „Der arme Mann, was hat der für eine unordentliche Frau."

Benimmregeln vor 100 Jahren

Wenn ich morgens zur Schule aufbrach, gab mir meine Großmutter immer mit auf den Weg: "Benimm dich anständig!" Das nervte mich furchtbar. Eines Tages fragte ich sie: "Warum? Und was heißt das eigentlich: Anständig?" Diese Frage, das weiß ich heute, enttäuschte sie, denn sie hatte versucht, mir bereits als Vorschulkind durch viele Geschichten über Benimmregeln das wichtigste auf diesem Gebiet beizubringen. Sie las mir aus einem Buch vor, das ich noch immer aufbewahre und in dem ich später, als ich selbst lesen konnte, auch gern blätterte.

Dieses Benimm-Buch war nicht der bekannte "Knigge", sondern "Das ABC des guten Tons - ein Ratgeber für jedermann" von Edmund von Hagen, herausgegeben Ende des 19. Jahrhunderts, Verlag Levy und Müller, Stuttgart. Heute sind viele seiner Richtlinien natürlich überholt. Ich zitiere sie aber noch immer gern bei Zusammenkünften im Freundeskreis, sie tragen dann oft zur Belustigung bei. Eigentlich gelten sie vorwiegend für Erwachsene aber wir Kinder mussten sie damals auch schon lernen. Getreu dem Motto: "Was Hänschen nicht lernt, lernt Hans nimmermehr!".

Sehr interessant ist, was hierin darüber zu lesen war, was sich im Familienkreis für Gatten und Gattin schickt oder nicht schickt:

Was schickt sich für den Gatten?

Es schickt sich, daß du deine liebenswürdigen Eigenschaften in allererster Linie daheim entfaltest und sie den Deinen zu Gute kommen läßt.

Sieh in deiner Gattin stets die Dame. Erweise ihr alle Höflichkeit, die du einer solchen schuldest, und die du für eine Fremde haben würdest.

Uebe Rücksicht in allen Dingen.

Denke an euren Verlobungs- und Hochzeitstag.

Ordne deinen Anzug vor den Mahlzeiten.

Bereite deiner Frau und den Deinen manchmal einen wirklichen Freudentag. Das hilft viel ertragen.

Zieh deine Frau in Geldsachen ins Vertrauen.

Nimm dich vor harten Worten in acht; verstehe manchmal zu loben. Frauen brauchen Anerkennung und den Sonnenschein der Freundlichkeit.

Halte Kinder und Dienstboten zur Ehrerbietung gegen deine Frau an.

Was schickt sich nicht für den Gatten?

Untergrabe nicht die Autorität deiner Frau, indem du ihre Befehle und Anordnungen vor Kindern und Dienstboten tadelst.

Gib deiner Frau das Wirtschaftsgeld nicht mit der Miene eines Königs, der Gnadengeschenke austeilt.

Laß dich nicht gehen. Bekämpfe Gewohnheiten und kleine Leiden.

Vernachlässige nicht die Formen der guten Gesellschaft.

Verletze nie das Zartgefühl deiner Frau durch das Wiedererzählen roher Späße und derber Anekdoten.

Was schickt sich für die Gattin?

Das Wohlbehagen der Deinen sei der Inhalt deines Sinnens.

Die Frau bestimmt den Ton im Hause, beherzige das!

Deine Heiterkeit sei des Mannes Erfrischung.

Vor der Welt mußt du stets zu deinem Manne halten.

Laß nie Kinder oder Dienstboten empfinden, daß du anders urteilst wie dein Gatte.

Lege allen Egoismus ab, wenn du glücklich machen und werden willst.

Glücklich bleiben, verlangt tägliche Arbeit an uns selbst.

Biete stets die Hand zuerst zur Versöhnung.

Willst du deinen Mann ans Haus fesseln, so führe eine schmackhafte Küche.

Habe stets Zeit für deinen Gatten.

Laß nie eine dritte Person zwischen euch treten.

Versuche die Interessen deines Gatten zu teilen.

Benimm dich stets so, daß dein Mann stolz auf dich sein kann.

Was dein Mann im Zorne spricht, das überhöre.

Was schickt sich nicht für die Gattin?

Beklage dich nie bei andern über deinen Mann.

Zeige dich nie unordentlich vor den Augen deines Gatten.

Klage und jammere deinem Manne nicht über häusliche Unannehmlichkeiten vor. Er klagt dir auch nicht seine Geschäftssorgen.

Stöbere nicht in deines Gatten Taschen herum, und krame nicht auf seinem Schreibtisch.

Setze deinen Mann nicht in den Augen der Kinder und Dienstboten herunter.

Werde nicht lehrhaft; bitte, statt zu lehren.

Diese Regeln galten wohl eher in bürgerlichen Familien, ich erlebte in den Bauernfamilien einen oft anderen, auch rauen und nicht immer vornehmen Umgang zwischen den Ehegatten. Außerdem spielte damals die Religion eine große Rolle. Mein Großvater behauptete stets, die Bibel sei "das beste Buch der Welt". Hier finde man Antwort auf alle Lebensfragen und die Geschichten seien zudem interessanter als Romane. Er kritisierte es deshalb, wenn die Frauen Liebesromane lasen und meinte, hier sei das eheliche Leben meist falsch dargestellt, obwohl er nach meiner Beobachtung selbst nie ein solches Buch gelesen hatte. Romane, so mein Großvater, würden den Charakter verderben, denn es seien zu viele Beispiele für unanständiges, gewalttätiges und unmoralisches Verhalten darin beschrieben. Mit meinem heutigen Wissen würde ich ihm entgegnen, dass in der Bibel durchaus auch viele Gewalttätigkeiten beschrieben sind.

Frauen nach dem Krieg

Mit dem Kriegsende am 8. Mai 1945 begann für alle Menschen in Deutschland ein gefühlter neuer Lebensabschnitt. Für Frauen und Mütter wuchs die Hoffnung, dass Männer oder Söhne, von denen bisher noch keine Gefallenen- oder Vermisstenmeldung vorlag nun nach Hause zurückkehren. Noch waren aber viele Männer in Gefangenschaft aber die Trümmerbeseitigung im umfassendsten Sinne, also auch im Kopf, konnte beginnen. Weil es hierfür noch wenige starke Männerhände gab übernahmen die Frauen die Initiative. Z. B. bekannt als „Trümmerfrauen" leisteten sie in diesen ersten Jahren nach dem Krieg Beispielhaftes. Die hierzu erschienenen Veröffentlichungen und Dokumentarfilme helfen mit, dieses alles nicht in Vergessenheit geraten zu lassen.
Die Amerikaner eroberten Thüringen und waren bei uns von April bis Juni 1945 Besatzungsmacht. Dann kamen die Russen, wie wir damals sagten, offiziell: Die rote oder sowjetische Armee. Zum Verhältnis: Frauen - Besatzungssoldaten machte ich mir als damals Vierzehnjähriger so meine Gedanken. Generell fand ich, dass hierüber Politik und Bevölkerung unterschiedlich in Ost und West aber auf beiden Seiten tendenziös urteilten. Hierzu meine Erlebnisse.

Ich wurde damals konfirmiert und dazu hieß es, man würde nun ins Erwachsenenleben eintreten, doch wenn sich Erwachsene über Sexualität unterhielten wurden wir ausgeschlossen. Unsere Neugier auf diesem Gebiet war groß und so belauschten wir heimlich manches Gespräch. Sehr abfällig wurde über einige junge Frauen unserer Kleinstadt gesprochen, die sich wenige Tage nach Ankunft der Amerikaner Soldaten, Sergeanten und Offiziere angelten und sogar mit nach hause in ihre Wohnungen nahmen. Darunter sollen sogar verheiratete Frauen gewesen sein, deren Männer noch in Gefangenschaft waren. Freilich hieß es auch, dass diese Amerikaner manche Delikatesse z. B Schokolade und Bohnenkaffee aber auch Büchsenfleisch und anderes spendierten. Der Hunger nach diesen Spezialitäten, auf die jahrelang verzichtet werden musste, war groß. Besonders arg soll es eine Kellnerin vom Ratskeller getrieben haben, die dazu ihre amerikanischen Freier sehr oft wechselte. Unter uns Jugendlichen machten aber auch Gespräche die Runde in denen wir zum Ausdruck brachten: Die schlimmsten Lästerer, die sogar sagten, dass würde ja wie im Bordell zugehen, sind nur neidisch auf die Delikatessen, die die Besatzer ihren Liebchen spendieren. Im Übrigen gab es auch Gerüchte, dass GIs eine junge verheiratete Frau vergewaltigt haben sollen. Ich erfuhr hierzu nie eine Bestätigung und es geriet im Ort in Vergessenheit, weil die Amis nicht

lange blieben. Die 4 Siegermächte hatten sich geeinigt, dass Berlin, das bekanntlich die Sowjets eroberten, in 4 Sektoren aufgeteilt und damit im Tausch das von Amerikanern eroberte Thüringen von einer amerikanischen zur SBZ (Sowjetischen Besatzungszone) wurde. Den russischen Soldaten aber eilte der schlechte Ruf voraus, sie würden im großen Umfange Frauen und Mädchen vergewaltigen.
Dieses und die von den Nationalsozialisten verbreitete Hetze und Propaganda über die Gewalttätigkeiten dieser Armee aus dem Osten ließ vor deren Einmarsch viel Angst unter der Bevölkerung aufkommen. Mir sind damals in unserem Ort und aus der Umgebung keine Vergewaltigungen von Frauen durch sowjetische Soldaten bekannt geworden. Auch von heimlichen Liebschaften habe ich nichts erfahren. Die einfachen Soldaten, das stellten wir sehr schnell fest, wurden sehr eingesperrt in ihren Unterkünften festgehalten. Verbindungen zur Bevölkerung waren wahrscheinlich nur ausnahmsweise höheren Offizieren gestattet. Aber die Gerüchteküche kochte, vor allem den Kampftruppen, die wir ja nicht erlebten, wurden viele Vergewaltigungen von Frauen nachgesagt.
Konfrontiert mit einem Überfall durch russische Besatzungssoldaten wurden wir in unsere Familie durch ein Ereignis, bei dem allerdings nicht offensichtlich war, ob auch eine Vergewaltigungsabsicht

mit dahinter steckte. Mein Onkel, ein Revierförster wohnte allein mit Frau und 16jähriger Tochter in einem ganz abgelegenen Forsthaus 4 km vom nächsten Dorf entfernt. In der Umgebung in den Wäldern waren mehrere größere sowjetische Armeelager. Anfang 1946 hörte mein Onkel nachts einen großen LKW vorfahren und vermutete sofort einen Überfall. Die beiden Frauen versteckten sich auf dem Dachboden und er blies am Fenster mit dem Jagdhorn ein Signal, dass bei möglichen Bedrohungen mit der nächsten Polizeistation vereinbart war. Den ins Haus eindringenden Russen stellte er sich entgegen, sie überwältigten ihn, sperrten ihn in den Keller, raubten fast alles was nicht niet und nagelfest war und luden es auf ihr Fahrzeug. Von der Polizei kam niemand, denn die hatten damals auch Angst vor den Besatzern. Die Frauen blieben unentdeckt aber die Zerstörungen waren groß und selbst Kleinvieh wurde mitgenommen, die Hunde blieben eingesperrt und an deren bellen störte man sich gar nicht. Nach einiger Zeit als die Einbrecher über alle Berge waren, kamen Leute aus dem Dorf und erst dann wagten sich auch die Frauen wieder hervor und mein Onkel wurde befreit.

In der sowjetischen Armee sahen wir auch eine ganze Reihe Frauen als einfache Soldaten bis zu höheren Offizieren. Wir erfuhren bereits damals, dass in der Sowjetunion die Gleichberechtigung der Frauen sehr weit fortgeschritten sei. Hier wären sie auch in Berufen, die bei uns und bisher nur Männern vorbehalten waren, tätig. Es hieß, die physischen Kräfte würden in diesem Zusammenhang keine Rolle mehr spielen. Diese Verhaltensweise und Auffassung übertrug sich dann auch auf die Verhältnisse in der DDR. Aber in der obersten Führungsclique, das sahen wir in der Sowjetunion und auch in der DDR, dominierten Männer.

In den ersten Jahren nach dem Krieg wurden mir auch in meinem Heimatort einige Beispiele, die man als Ehedramen bezeichnen könnte, bekannt. Junge Frauen, deren Ehemänner als vermisst gemeldet waren, liierten sich mit anderen Männern und plötzlich stand der eigne wieder vor der Tür. Was nun tun?

In jener Zeit gab es auch statistisch einen Frauenüberschuss aber das förderte damals die Gleichberechtigung der Frauen in der Gesellschaft noch nicht wesentlich.

Mädchen in der FDJ und Schule

Besonders für mich und meine gleichaltrigen Freunde war es gewöhnungsbedürftig, dass mit der 1946 gegründeten FDJ eine gemeinsame Jugendorganisation für Mädchen und Jungen entstand. Die ehemals strikte Trennung in 2 Organisationen wie Hitlerjugend und BDM war schon aufgegeben in der Antifaschistischen Jungend, die es von Oktober 1945 bis zur FDJ-Gründung in der SBZ gab. Als ehemaliger Jungvolkführer wurde auch ich Mitglied in der Antifa - Jugend, weil uns damit zugesichert wurde, dass wir umerzogen werden sollten und wir dann keine Bestrafungen wegen der Hitlerjugendmitarbeit zu erwarten hätten. In der Gruppe der Antifaschistischen Jugend in meinem Heimatort gab es aber keine weiblichen Mitglieder. Warum weiß ich nicht.

Als ich mich damals mit meiner Großmutter über dieses Problem, warum jetzt in einer Jugendorganisation Mädchen und Jungen vereint sind, unterhielt, meinte sie: "Das gab es schon früher bei vielen Vereinen, besonders die kommunistischen Organisationen förderten das. In ähnlicher Weise hat sich auch die so genannte Freikörperkultur, bei der Nackte, darunter auch Jugendliche, gemeinsam Sport treiben, entwickelt. Mir gefällt das nicht, aber die frühere ganz strenge Trennung von Mädchen und Jungen auch in Stadtschulen halte ich auch

nicht für richtig. Da war es auf dem Land schon freier und schöner, selbst wenn es nur eine Klasse für alle Schuljahre gab aber Mädchen und Jungen wurden zusammen unterrichtet."
Ich besuchte ab 1938 eine Schule in einer Kleinstadt, wir waren bis zur 4. Klasse 14 Mädchen und 8 Jungen. Die Mädchen hatten im Durchschnitt bessere Leistungsnoten und ein Mädchen war die Klassenbeste. Ich meinte damals, die Mädchen wurden hinsichtlich der Betragens- und Fleißnoten immer von den Lehrern besser benotet als wir Jungen, das fand ich oft ungerecht. Hierzu ein Beispiel. Während des Krieges mussten wir Heilkräuter sammeln, die getrocknet der Pharmaindustrie oder als Tee der Versorgung der Soldaten zugeführt wurden. Ich entsinne mich, dass ich mich mehrmals zu hause beschwerte, weil wir Jungen wegen der gesammelten Mengen immer kritisiert aber die Mädchen gelobt wurden. Ich bat meine Mutter, in der Schule zu intervenieren. Ich fand aber kein Gehör, weil das Urteil des Lehrers als unanfechtbar galt.
Retrospektiv stelle ich generell fest, dass es bis in die 1930er Jahre hinein wenig Lehrerinnen gab und auch mich unterrichteten bis zu den ersten Kriegsjahren nur Lehrer. Den Lehrerinnen, die dann in mein Schulleben traten, bezeuge ich aber bis heute hohen Respekt. Rückblickend vermute ich, dass wir Jungen damals spürten, dass uns die Lehrerinnen

gerechter behandelten, weil andererseits unsere Lehrer meistens einige Mädchen bevorzugten. Das sahen wir auch noch in den 1960er Jahren, in denen wir unsere 4 Kinder in ihrem Schulleben beobachtend begleiteten, bestätigt.

Bei meinem späteren Oberschulbesuch erfuhr ich, dass Mädchen und Jungen fast gleichen Leistungsnotendurchschnitt hatten. Während wir Jungen in den naturwissenschaftlichen Fächern etwas besser waren, hatten die Mädchen beim erlernen der Fremdsprachen die Nase vorn.

In den Anfangsjahren nach der Gründung der FDJ waren die Veranstaltungen dieser Jugendorganisation recht interessant, weil viel Kulturelles im Mittelpunkt stand und die Politik war zumindest in meinem Heimatort und auch in der Oberschule nicht das Wichtigste. Der freie ungezwungene Umgang mit den Mädchen gefiel uns Jungen und soweit ich mich erinnern kann war alles immer sehr anständig und kameradschaftlich. Selbst die nun auch manchmal erlaubten gemeinsamen Schlafsäle für Mädchen und Jungen in Jugendherbergen oder bei Großveranstaltungen erbrachten nach meinen Erinnerungen keine Probleme. Retrospektiv glaube ich, im Osten Deutschlands begann damals, dass die Mädchen mit mehr Selbstbewusstsein auftraten.

In jener Zeit, bis Mitte der 1950er Jahre, fanden in der DDR einige internationale, nationale oder auf Bezirksebene organisierte Jugendtreffen statt.

Moralisten und Kritiker von damals höre ich noch zynisch sagen: "Es ist ja offensichtlich, dass 9 Monate nach solchen Jugendgroßveranstaltungen immer ein Babyboom erwartet werden kann". Eine diesbezügliche Statistik kenne ich aber nicht.

Gleichberechtigung der Frauen in der DDR

Im vertrauten Freundeskreis sagten wir: „Wenn in der DDR alles so wäre, wie wir es in den Zeitungen lesen, im Radio oder Fernsehen hören und sehen, dann hätten wir das Paradies auf Erden." Beispiele für diese Aussage finden sich auf fast allen Gebieten einschließlich der Verwirklichung der Gleichberechtigung von Mann und Frau. Ohne Zweifel hatten in der DDR die Frauen zahlreiche Vergünstigungen, wie bezahlter monatlicher Haushaltstag, großzügige Freistellung von der Arbeit bei Erkrankung der Kinder, Bereitstellung von Kindergrippen- und Kindergartenplätzen und einiges mehr. Wahr ist aber dabei auch, dass dahinter die umfassende Absicht des Staates stand, alle Frauen in eine Berufstätigkeit zu bringen. Wir erlebten in unserer Familie z. B. auch einen negativen Aspekt dieser Zweckpolitik. Meine Mutter war bis zum Tod meines Vaters im Jahre 1961 Hausfrau und damals erst 54 Jahre alt. Sie erhielt deshalb keine Witwenrente oder sonstige Unterstützung und musste bis zu ihrem 60. Lebensjahr noch eine Berufstätigkeit aufnehmen.

Von der Partei- und Staatsführung der DDR wurde betont, dass in allen Bereichen die Frauen gleichberechtigt seien und dies eine Überlegenheit gegenüber dem kapitalistischen Westen darstelle. Geflissentlich wurden die Ungereimtheiten, die es dabei trotzdem gab, gern verschwiegen. Hierzu einige erlebte Beispiele, die letztlich auch statistisch belegt sind: In meinem Berufsleben arbeitete ich in mehren Betrieben und Institutionen mit häufig hohem Frauenanteil; aber überall gab es in den Leitungsgremien eine Männerdomäne, oft waren in Leitungsfunktionen weniger als 20% Frauen tätig. Die normalerweise am geringsten vergüteten Arbeitsplätze waren vorwiegend durch Frauen besetzt. Bei Auszeichnungen musste eine vorgegebene Frauenquote eingehalten werden, ohne dabei die tatsächlichen Leistungen zu Grunde legen zu können. Nach diesen Erfahrungen glaube ich auch nicht, dass man in der BRD Probleme der Gleichberechtigung der Frauen durch festgeschriebene Quoten lösen kann. Zu diesem Problem habe ich noch einige Erlebnisse.

Am 26.Nov. 1958 promovierte ich an der Veterinärmedizinischen Fakultät der Universität Leipzig. Aus Anlass der 50. Wiederkehr erhielten wir, die Promovenden dieses Jahrgangs, in einer Festveranstaltung eine Erneuerung der Würde eines Doctor Medicinae Veterinariae. In der gleichen Veranstaltung wurden die Urkunden an 15 Frauen und einen Mann, die als Absolventen dieser Fakultät 2008 promoviert hatten, überreicht. Dagegen waren es aber 16 Männer und eine Frau, denen nach 50 Jahren der Titel erneut bestätigt wurde. Wenn mit diesen Zahlen auch keine statistisch bewiesene Aussage zu treffen ist, zeigt sich ein deutlicher Trend. In der DDR wurde in fast allen Studienrichtungen eine Frauenquote von 50 % gefordert, so auch für Immatrikulationen im Studienfach Veterinärmedizin; damit konnte aber die gewünschte Parität der Männer und Frauen, die in diesem Beruf tätig wurden, auch nicht erreicht werden. Allerdings offenbart sich heute durch die weggefallene Lenkung ein deutlicher Mangel an Tierärzten in Großtierpraxen, denn die in der Überzahl ausgebildeten Frauen übernehmen nur selten dieses Tätigkeitsfeld. Die übertriebene Planung in der DDR erfuhr ich persönlich, als unsere Tochter 1978 ein veterinärmedizinisches Studium beginnen wollte. Sie brachte mit dem erfolgreichen Abschluss einer Berufsausbildung mit Abitur als Zootechniker (Notendurchschnitt 1,2) alle Voraussetzungen mit, wurde aber nicht immatrikuliert, weil sie im Gegensatz zu einer Mitbewerberin mit gleichen Leistungsvoraussetzungen kein Mitglied der SED war und sie es strikt ablehnte aus Karrieregründen in eine Partei einzutreten. Da in der Fachrichtung Veterinärmedizin 1978 grundsätzlich nur noch ein einziger Frauenstudienplatz zur Verfügung stand, hatte sie keinerlei Chance. Sie studierte schließlich Tierproduktion und hat heute eine andere Berufsrichtung gewählt, in der sie auch Zufriedenheit fand. Meine Erfahrung: Übertriebene Planung ist ebenso falsch, wie alles unbeeinflusst laufen zu lassen. Widersinnig bleibt es aber, aus Gründen der Gleichberechtigung 50 % Anteil Frauen in einem Berufszweig festzuschreiben oder zu fordern.

Im Zusammenhang mit der Frauenförderung in der DDR bleibt mir die Doktrin „Die Frau, der Frieden und der Sozialismus", die Anfang der sechziger Jahre beschlossen wurde, in unauslöschlicher Erinnerung. Nach diesem ZK - Beschluss mussten in allen Betrieben und Verwaltungen Pläne aufgestellt werden, nach denen besonders in Leitungsfunktionen ein hoher Frauenanteil zu sichern sowie die berufliche und politische Entwicklung der Frauen vorrangig zu fördern waren. In allen Bereichen erfolgten Kontrollen zur Durchsetzung dieser Forderungen.

Ich war damals Bezirkstierarzt und bekam Besuch von einer Genossin des ZK der SED, die wissen wollte, wie im Veterinärwesen unseres Bezirkes das genannte Dekret verwirklicht wird. Ich ließ mich doch in meinem jugendlichen Elan dazu hinreißen, ihr meine konservative Meinung zu offenbaren und sagte: „Die Frauen sind in der Familie für Kindererziehung und Haushalt verantwortlich und erst wenn das erfüllt ist, beginnt ihr übriges Berufsleben. Es bleibt richtig, dass die Mütter erst dann wieder berufstätig werden, wenn die Kinder in der Schule selbständig sind." Sie hörte sich alles ruhig ohne Kommentar an und wollte gern allein einige

Tierärztinnen im Bezirk besuchen. Selbstverständlich gab ich ihr hierzu Unterstützung.
Ungefähr 14 Tage nach diesem Kontrollbesuch wurde ich nach Berlin bestellt. Die Genossin hatte ein vernichtendes Urteil über meine Meinung zu Frauen im Beruf protokolliert. Mir wurde vom Referenten für Veterinärwesen im ZK der SED und dem Leiter des Veterinärwesens im Ministerium der Kopf zurecht gerückt.. Ich übte Selbstkritik, war aber im Inneren nicht voll überzeugt.
Wenn ich heute bedenke und vergleiche, dass ich nunmehr 64 Jahre glücklich verheiratet bin, unsere 4 Kinder in einer intakten Familie aufwuchsen und gut erzogen sind, hatte die damalige Standpauke keinen Einfluss auf mein Privatleben. Im Gegenteil, die Arbeitsteilung mit meiner Ehefrau, die wieder berufstätig wurde, als unsere Sprösslinge selbständig waren, hat sich bestens bewährt. Zu all dem bedurfte es keiner politischen Beschlüsse, denn jetzt als Rentner unterstützen wir uns ebenfalls in der Hausarbeit. Freilich ist gegenwärtig die Welt anders geworden, denn es gibt mehr emanzipierte Frauen als früher. Unsere beiden Töchter sind auch gar nicht mit der grundsätzlichen Meinung ihres Vaters einverstanden, ohne dass dies zu Konflikten führen würde. Meine frühere oft recht sehr autoritäre Haltung hat ohnehin jetzt im Alter einer größeren Toleranz mehr Raum gegeben.

Frauenquoten

Die DDR-Politiker wollten, dass Quoten
für Mitbestimmung die Beweise boten.
Bei den „Frauenanteilsicherungen",
schien das sogar manchmal gelungen.
Nur meist bestimmten Staat und Partei
was für die DDR-Frauen förderlich sei.

Welche Auswüchse das alles trieb
erlebte ich einst in einem Betrieb.
Nach Plan nicht zu fördern die Frauen
durfte sich absolut niemand getrauen.
Ziele hierzu stellte man so auch dort
wo es gar keine Frauen gab vor Ort.

Noch schlimmer kam es dann
als man zu manipulieren begann.
In Erfüllung von Frauförderungsplänen
fing man an, alle Ergebnisse zu erwähnen,
was Frauen geschafft, erforscht, erdacht,
wenn selbst gar keine mitgemacht.

Am 8. März zur Frauentagsfeier
gab es jedes Jahr die gleiche Leier:
Leiter und Frauen hatten teilzunehmen,
für viele Männer war das zum Schämen
wenn sie an diesem Tage Frauen bedienten,
mit Frauenschürze Untergebene mimten.

Bei Prämierungen in Komitees überall galt
Gleichberechtigung, aber nicht beim Gehalt.
Außerdem war dem Politbüro der Partei
auch für sich selbst der Frauenanteil einerlei.
Hier bestimmten die Männer und dachten,
dass ihre Gesetze Frauen zufrieden machten.

Männer bilden auch im Bundestag die Mehrheit,
sie glauben, sie hätten Frauen vom Joch befreit,
wenn sie die Einführung von Quoten bejahten,
aber ob sie den Frauen einen Gefallen taten?
Diese wollen nicht gefördert werden mit Gesetzen.
Viele zeigen es und wissen sich selbst durchzuset-
zen.

Männer kämpfen um Gleichberechtigung

Gegenwärtig mehren sich die Stimmen, die behaupten, nunmehr müssten die Männer vielfach um ihre Gleichberechtigung bangen und darum kämpfen. Hauptsächlich drei Fakten würden dies u. a. ursächlich begünstigen: In den Schulen unterrichten heute in den ersten Klassen in der Mehrzahl Lehrerinnen, die den Jungen schon in dieser frühen Kindheitsentwicklung das Bild der stärkeren, oft den Männern überlegenen Frauen aufzeigen. Zweitens wachsen die Jungen in der Neuzeit in vielen Familien ohne Väter auf. Die Anzahl der alleinerziehenden Mütter nimmt zu und diese Frauen würden ihren Kindern häufig ein negatives Bild über die Männer vermitteln. Die Frauenbewegungen haben sich in der Gesellschaft überdimensional mehr Wort und Bedeutung verschafft.

Wir feierten 2012 Diamantene Hochzeit. Unsere Erfahrungen in Fragen der Emanzipation der Frauen sammelten wir vor allem in der DDR-Zeit. Die staatlich angeordnete Gleichberechtigung in diesem Staat hatte keinen Einfluss auf unser intaktes Familienleben. Wir praktizierten gegenseitiges Verständnis, eine Arbeitsteilung und gegenseitige Unterstützung entsprechend der geschlechterspezifischen Gegebenheiten und Möglichkeiten. Den zahlreichen werktätigen Frauen in der DDR zollten wir Anerkennung für ihre doppelten Leistungen in

Betrieb und Familie. Meine Frau war aber bis zum Schulabschluss unserer 4 Kinder nicht berufstätig. Allerdings war uns dadurch auch die Inanspruchnahme von Kindergartenplätzen verwehrt.
Als Leiter eines Arbeitskollektivs von meist mehr als 30 Frauen und nur etwa 10 Männern sah ich z. B. der jährlich auf mich zukommenden Pflichtteilnahme an der betrieblichen Feier zum Internationalen Frauentag am 8. März mit Bangen entgegen. Ich betrachtete die dort oftmals praktizierte Schau, dass die Männer mit Frauenschürze die Frauen bedienten, unangebracht. Ich sah damit auch teilweise notwendige Disziplinregeln verletzt. Meine Frau und ich versuchten solche Veranstaltungen auch im Rahmen des DFD zu meiden, weil sie an der Wirklichkeit vorbeigingen. Ob die praktizierte Gleichberechtigung der Frauen in der DDR auf die Gesamtentwicklung in Deutschland Einfluss hatte, vermag ich nicht zu beurteilen.

Auf alle Fälle wäre früher die Geschichte nicht passiert, die Monika Schnitzler in einem Gedicht beim Internetportal e-Stories.de 2016 veröffentlichte.

Frauliche Eskapade

Männer haben es heute schwer. Reichte es früher, eine Frau ins Theater einzuladen, um sie „rum zu kriegen", leitet sie heute das Theater selber.

Das verunsichert Männer stark, die ihren einzigen Halt in der Hängematte alter Rollenverständnisse sehen.

Eine kleine Episode mag das verdeutlichen:

Töchterchen, studiert, hübsch und allein erziehend, weil der Mann das Kind nicht wollte, macht sich am Morgen schick für einen Kongress, bei dem sie referieren wird. Sie schlüpft in Kostümchen und Stöckelschuhe und übergibt das Baby dem Erzeuger, der zu dem ihm rechtlich zustehenden Babybesuch angereist ist.

Auf der Straße vor dem Haus werken fünf Bauarbeiter am Kanal. Als Töchterchen an ihnen vorbei geht, pfeifen sie, derweil der Erzeuger im Schlabbershirt sich müht, das Baby in seinem Auto in den Kindersitz zu setzen. Er kämpft mit dem Sitz, kennt sich nicht aus, weil er so gut wie nie da ist.

Töchterchen grinst, fünf Bauarbeiter grinsen und Töchterchen sagt: „Alles klar, Jungs?".

Fünf Bauarbeiter schütteln den Kopf und brummen: „ Ey, das sind die Weiber von heute. Machen Karriere und der Alte hat das Kind am Hals!".

Töchterchen braust in ihrem Wagen davon.

Sind Männer klüger als Frauen?

Klug ist für mich ein leeres Wort, wenn die Bedeutung nicht dazu genannt wird. Die ist nach Duden:
1. mit scharfem Verstand, logischem Denken begabt, davon zeugend; intelligent
2. gebildet, gelehrt, Lebens erfahren, weise
3. vernünftig, sinnvoll; taktisch geschickt und diplomatisch vorgehend; schlau.

Vorweg, nach meinen bisherigen Erfahrungen und Erlebnissen traf ich, diese Definition beachtend, gleichviel kluge Männer und Frauen. Warum wird das aber in der Welt oft nicht sichtbar, wie das Wolf Schneider in dem Buch darstellt: „Die Sieger: Wodurch Genies, Phantasten und Verbrecher berühmt geworden sind", Sternbuch im Verlag Gruner + Jahr AG & CO Hamburg 1992, im Kapitel: Kann der Ruhm weiblich sein? Die Frage, warum bisher so wenige Frauen berühmt geworden sind, versucht Schneider zu beantworten, indem er hierfür u. a. vier Hindernisse nennt. Ich will dazu von meinen Erlebnissen berichten welchen Hürden Frauen gegenüber standen und stehen, wenn sie Karriere machen wollen. Es wäre aber völlig falsch zu schlussfolgern, es würde weniger kluge oder begabte Frauen geben, wenn bisher und derzeit die Männer, die Karriere machen, in der Überzahl sind.

Interessant ist zunächst die von Schneider aufgezeichnete Analyse:

> Unter den 706 „Großen der Weltgeschichte" in der zwölfbändigen Züricher Enzyklopädie befinden sich 27 Frauen, gleich 3,8 Prozent. Das fünfbändige Sammelwerk „Die Großen Deutschen" enthält 236 Porträts, darunter 8 von Frauen, gleich 3,4 Prozent. Unter den 599 Trägern des Nobelpreises bis 1991 befinden sich 25 Frauen, gleich 4,2 Prozent. Sind Frauen weniger begabt?
> Millionen, wenn nicht Milliarden Männer dachten es und denken so.

Das erste Hindernis beim Karrieremachen der Frauen ist das Kinderkriegen. Ich denke, in der DDR war man auf einem guten Weg dieses Hindernis zu beseitigen oder zumindest zu mindern. Zwei junge Frauen aus unserem Familienkreis haben damals vor Abschluss ihres Studiums geheiratet und bekamen ein Kind. Sie erhielten großzügige staatliche Unterstützung, um ihr Studium erfolgreich abzuschließen zu können und auch weiterhin beim Einstieg ins Berufsleben. Berücksichtigung fand dabei außerdem, dass die jungen Eheleute am gleichen Arbeitsort eine Tätigkeit aufnehmen konnten. Allerdings bestanden Schwierigkeiten, eine Wohnung zu bekommen.

In der DDR war ich einige Jahre stellvertretender Direktor in einem wissenschaftlichen Institut und in diesem Rahmen auch mit Personaleinstellungen konfrontiert. Es galt die staatliche Festlegung, dass Frauen auch mit Kleinkindern bei Bewerbungen in keiner Weise gegenüber gleich geeigneten Männern hinten an zu stellen sind, im Gegenteil, ihnen war alle Hilfe zu geben. Die Institution hatte auch für

einen Krippen- oder Kindergartenplatz zu sorgen. Ich erlebte, dass dies in einem Falle in der Nähe in der Stadt nicht möglich war und so musste ein betriebseigenes Fahrzeug an jedem Arbeitstag das Kind in Begleitung der Mutter kostenlos zu einen außerhalb gelegen Dorfkindergarten hin und zurück transportieren. Nach Gesprächen mit Bekannten war das auch in anderen Betrieben kein Einzelfall.
Trotz allseitiger Frauenförderung waren aber in der Institutsleitung von 8 Mitgliedern auch nur 2 Frauen tätig.
In der BRD angekommen erfuhr ich im Familien- und Bekanntenkreis, dass Frauen mit Kleinkind trotz geeigneter Qualifikation bei Bewerbungen abgelehnt wurden und man sich manchmal sogar nicht scheute, die Kinder als Grund zu nennen. Eine nahe Verwandte verlor noch 2016 nach der Geburt eines Kindes ihre Leitungsposition, obwohl sie während der Elternzeit ohne Bezahlung an wichtigen betrieblichen Konferenzen teilnahm, um den Anschluss für ihre Aufgaben nicht zu verlieren. Sie war nur pflichtgemäß wieder eingestellt worden, am ersten Arbeitstag wurde ihr dann unmissverständlich mitgeteilt, dass sie durch ein Kleinkind nicht mehr flexibel genug und nicht immer einsatzbereit sei.
Im Weiteren schreibt der Autor Schneider:

Die biologische Benachteiligung ist nicht aus der Welt: Schwangerschaft kann der Höchstleistung im Männersinn nicht dienlich sein, und die Fürsorge für die Kinder mit dem Vater zu teilen ist nicht jeder Frau gegeben und nicht nach jederfraus Geschmack.
   Dabei erweist sich das ganze Denken in Leistung und Erfolg — dies *das zweite Hindernis* — als eine männliche Art, an die Welt heranzugehen. Das meiste, was die meisten Frauen schaffen, läßt sich schwer messen und steht in keinem Lexikon.

Seit meiner Kindheit vernahm ich eine Einteilung in Männer- und Frauenberufe, dabei spielten die unterschiedlichen physischen Kräfte eine Rolle. Jedoch waren auch bis ins vorige Jahrhundert hinein viele, ein Studium erfordernde Berufe, eine Männerdomäne.

Nach dem Vorbild Sowjetunion propagierte man auch in der DDR, dass es keinen Beruf gäbe, der nicht auch von Frauen voll ausgefüllt werden könne. Andererseits blieben aber eine Reihe Berufe, in denen man nie oder nur in ganz seltenen Ausnahmen Männer tätig sah; z. B. war selbst das Wort Kindergärtner nicht bekannt. Kein Mann ließ sich herab, beispielsweise solche Tätigkeiten wie Haushalthilfe, Kindermädchen, Waschfrau, Putzfrau, Hotel- Zimmerfrau und ähnliches zu übernehmen, wobei es hierfür gar keine männlichen Bezeichnungen gibt.

Bekanntlich ein Dauerthema, die Frauenlöhne sind bis heute selbst bei gleicher Tätigkeit und Leistung häufig viel geringer als die der Männer.

Ich habe in der DDR Frauen kennengelernt, die in Produktionsbetrieben Kran- oder Gabelstapelfahrer,

Automonteur, Maurer, Dachdecker und ähnliches waren. Sie sollten die Gleichberechtigung der Frauen in allen Berufen beweisen. Bei Reisen in die Sowjetunion sahen wir häufig robuste Frauen als Straßenbauarbeiter.

Mir stellt sich bis heute die Frage, findet beispielsweise der Frauenfußball gleiche Würdigung und Begeisterung wie der Fußball der Männer?

Meine Erfahrung: Durch heutigen technischen Fortschritt gibt es nur noch ganz wenige Berufe, die schwere körperliche Arbeit erfordern, so braucht in der Regel die Einteilung in Frauen- und Männerberufe nicht mehr nach diesem Kriterium zu erfolgen. Vielmehr sind es aber noch heute die von alters her attraktiven und gut bezahlten Tätigkeiten, die die Männer gern für sich beanspruchen. Hier spürt man oftmals direkt ein gewisses Abschotten, manches Berufsfeld nur keinen Frauen zu überlassen! Dazu bedient man sich sogar Begründungen wie, Frauen können weniger gut logisch denken als Männer. Das ist die Überleitung zum 3. Hindernis, warum Frauen keinen Ruhm erlangen, dazu wiederum Schneider:

> Eindeutig aber haben viele Frauen Leistungen vollbracht, die auch Männern imponieren. Nur traten ihnen da millionenfach und treten ihnen oft noch heute die Männer mit einem Nein! entgegen – *das dritte Hindernis* auf dem Weg zum Ruhm. Die meisten Felder, auf denen die Luxuspflanze „Ruhm" gedeiht, haben von altersher die Männer sich selber vorbehalten.

So in der Wissenschaft, der Politik, teilweise der Literatur und der Musik.

Retrospektiv denke ich bei diesem Thema an meine Schulzeit in den Jahren 1938 bis 1950, die also in die NS- und DDR-Zeit fiel. Bis 1945 lernten wir im Unterricht auf den genannten Feldern vor allem berühmte Männer kennen. Dazu kamen aber auch vor allem große Feldherren. Auch Hitler gab sich als solcher aus. Von herausragenden Frauen fallen mir von damals nur die Wissenschaftlerin Marie Curie, die 1911 den Nobelpreis bekam und die Fliegerin Hanna Reitsch ein, von denen wir im Unterricht einiges hörten.

Nach dem Krieg vernahmen wir dann in der Schule doch einiges von berühmten Frauen z. B. in der Politik von Rosa Luxemburg und Clara Zetkin in der Kunst von Käte Kollwitz und einigen mehr, die besonders bekannte Sozialistinnen waren.

Zum 4. Hindernis, warum Frauen in der Welt nicht zu Ruhm gelangen können, will ich nochmals Schneider zitieren:

> Nun gibt es aber durchaus Frauen, die nicht in der Hingabe an ihre Familie aufgehen, die ihre biologischen Nachteile überwinden, Höchstleistungen auch nach männlichen Maßstäben vollbringen und dabei alle männliche Mißgunst niederringen. Ihnen also müßten die Ruhmeshallen offenstehen.
>
> Aber da bauen die Männer, die ihnen schon den Weg nach oben erschwert haben, *das vierte Hindernis* auf: Sie nehmen ein bißchen weniger Kenntnis von den Frauen, als wenn ihre Leistungen von Männern vollbracht worden wären. Männer sind alle sieben Herausgeber der zwölfbändigen Enzyklopädie „Die Großen der Weltgeschichte" und 323 ihrer 350 Autoren. Diese zu 92 Prozent männlichen Richter haben die zu 96 Prozent männliche Auswahl vorgenommen.

In der 1842 eröffneten Gedenkstätte Walhalla bei Regensburg sind 195 Büsten und Gedenktafeln von berühmten Persönlichkeiten zu sehen. Als ich diese Ruhmeshalle in den 1990er Jahren besuchte war ich beeindruckt, doch ich suchte auch Frauen unter den Personen, es waren gerade 12; damit werden die bisher dargestellten Fakten ebenfalls bestätigt. Es gibt in dieser Halle angeblich nur noch 12 freie Plätze und selbst wenn diese nur Frauen zugesprochen würden, könnte sich also dieses genannte Verhältnis nur noch von z. Zt. 6 % Frauenanteil auf 12% erhöhen.

Wenn man aber unter klug auch vernünftig versteht, sind Frauen oft klüger als Männer. Sie lehnen z. B. in der Mehrheit das Töten, die Kriege und Gewalt, ab. Es sind die Mütter, die Angst um ihre Kinder haben. Nach Dudendefinition zählt man zum klug sein auch diplomatisch und darin, so zeigt sich an vielen Beispielen, sind Frauen den Männern auch häufig überlegen. Mit diplomatischem Geschick haben sie schon viel Positives in der Welt vollbracht und auch manches Unglück verhindert.

Nicht unerwähnt darf aber dabei auch bleiben, dass in der Weltgeschichte raffinierte Frauen schon manches Unheil stifteten, wenn sie z. B. ihre regierenden Männer zu Untaten anstachelten.

Mütter und Väter

Biologisch ist es nicht möglich, dass Männer Kinder gebären. Es gibt aber einige Väter, die ihre Frauen gern aus der Mutterrolle verdrängen würden. Sie sind neidisch, dass sie auf diesem Gebiet keine Gleichberechtigung besitzen oder anders, es ist ein Feld der Frauenüberlegenheit.
In der Zeitschrift GEO WISSEN Heft Nr. 52 von 2013 wird das Thema „Mütter, wie sie uns ein Leben lang prägen" ausführlich behandelt. In der Einleitung zu dieser Ausgabe schreibt der geschäftsführende Redakteur Claus Peter Simon:

s gibt nur eine Erfahrung im Leben, die alle Menschen – ob Frau oder Mann, arm oder reich, weiß oder schwarz – teilen: jene Monate, die sie wachsend im Bauch einer Frau verbringen, ihrer Mutter. Sie ist erste Bezugsperson, sie prägt uns für das ganze Leben. Mütter vermögen ihren Kindern ein sicheres Fundament mitzugeben, eine seelische Widerstandsfähigkeit, die den Nachwuchs über viele Schwierigkeiten des Alltags hinwegträgt.
　　Doch sie können die Persönlichkeit und Biografie ihrer Töchter und Söhne auch so nachhaltig beschädigen, dass die noch als Erwachsene darunter leiden.

Mutter zu werden und zu sein ist für eine Frau das Höchste aber auch zugleich das Schwierigste. In der Prägung der Persönlichkeit ihrer Kinder und deren Erziehung zur Lebenstauglichkeit nehmen jedoch beide, Mutter und Vater, nach der Geburt Verantwortung und Einfluss.

Wir, ein diamantenes Ehepaar, haben 4 Kinder, 4 Enkel und 3 Urenkel, die noch mehr werden können, was aber nach gegenwärtiger Meinung der Enkel unwahrscheinlich ist. Sie können das ja regulieren. Mit diesem Nachwuchs zeigt sich auch in unserer Familie der Trend in Deutschland, es werden zu wenige Kinder geboren und die Deutschen werden weniger.

Zu diesem Problem hat Christoph Kucklick im schon genannten Heft GEO WISSEN in seinem Beitrag „Gesucht: **die neue Mutter**" (Seite 95) bemerkenswertes dargestellt:

Unter allen Müttern zählen deutsche zu den besonders rätselhaften – weil sie sich so rar machen. Sie bringen, man weiß es, nur wenige Kinder zur Welt, Platz 200 unter 222 Staaten.

Er schreibt weiter:
> Die verdrängte Wahrheit über Mutterschaft lautet ja sehr einfach: Sobald Frauen die Kontrolle über die Fortpflanzung erlangen, wollen sie deutlich seltener Mutter sein, als sie es zu früheren Zeiten sein mussten – und vor allem: deutlich weniger Kinder haben. Zwar gebären in Deutschland je nach Jahrgang noch 75 bis 80 Prozent der Mütter mindestens ein Kind, aber nicht mehr genug Frauen bekommen drei oder mehr Kinder, um die Lücken aufzufüllen.
>
> Die Schwächung der Mutterschaft findet weitgehend unabhängig von politischen Systemen, der Höhe des Kindergeldes und der Länge der Elternzeit statt. Auch ist die Entwicklung nicht neu: In Deutschland wurde zuletzt 1887 – kein Druckfehler – ein Jahrgang geboren, der so groß war, dass er die zeitgleich Gestorbenen ersetzt hat. Verhütungsmittel haben diese Asymmetrie zwischen Tod und Geburt bloß weiter gesteigert.

Wenn ich heute die Partnerschaften allgemein und in unserer Verwandtschaft und Familie beobachte, dann hat sich in den letzten 50 Jahren viel verändert. Damals musste man heiraten, wenn ein Kind unterwegs war oder in der DDR- Zeit war heiraten

angesagt, um eine Wohnung zu erhalten und heute wird die Eheschließung immer seltener. Weil sich gegenwärtig so viele wieder trennen sagen viele jungen Leute: „Die Scheidung ist zu teuer und wir leben auch unverheiratet wie ein Ehepaar." Mir konservativen Menschen gefällt das nicht besonders, weil es auch in unserer Verwandtschaft inzwischen einige solche Fälle gibt.
Im Übrigen stelle ich aber in meinem gesamten Bekanntenkreis fest, dass es in den meisten dieser Partnerschaften sehr treusorgende gute Väter gibt, die außerdem ihre Partnerin oft stärker unterstützen (Gleichberechtigung praktizieren) als in mancher Ehe.
Wir altes Ehepaar kennen einige dieser jungen Leute bei denen wir sagen: „Dies hätte es in unserer Jugendzeit nicht gegeben, dass beide berufstätig sind, alle Hausarbeiten gerecht aufgeteilt und gemeinsam erledigt werden und sie in der Kinderbetreuung ebenfalls mit gleichen Anteilen tätig sind."
Die Väter wickeln sogar die Kleinstkinder. Ironisch möchte ich dazu bemerken, das tun sie wahrscheinlich nur, weil es heute Wegwerfwindeln gibt; früher als die Windeln noch gewaschen werden mussten, hätten sich die Männer hiervon gedrückt.
Im Umgang mit den Kindern missfällt uns Alten jedoch oft, dass die Heranwachsenden von Müttern und Vätern zu wenig zu einem disziplinierten Ver-

halten erzogen werden. Wir Urgroßeltern halten uns aber in allen Kindererziehungsfragen zurück und geben auch keine Ratschläge – die Erziehungsverantwortung tragen die Eltern.
Mütter und Väter praktizieren heute also sehr oft Gleichberechtigung, trotzdem bleiben in der Gesellschaft auf einigen Gebieten viele Frauen als Mütter benachteiligt.

Epilog

Im Grundgesetz der BRD steht im Artikel 3 (2) geschrieben:
„Männer und Frauen sind gleichberechtigt. Der Staat fördert die tatsächliche Durchsetzung der Gleichberechtigung von Frauen und Männern und wirkt auf die Beseitigung bestehender Nachteile hin."
Bezeichnend ist das Eingestehen bestehender Nachteile bei der Gleichberechtigung. Bis die aber besonders bei Frauen völlig verschwinden, geht noch einige Zeit ins Land – doch beim Engagement in der Frauenbewegung sehe und begrüße ich: Es wird gelingen!